THIS JOURNAL BELONGS TO:

_____

IT'S ALREADY YOURS.

– UNIVERSE

HOW TO USE THIS JOURNAL:

Each page of this journal is divided into four sections. Take a few minutes every day to write, visualize and embody what you want. You got this, babe.

I Desire:

Set a clear and detailed intention. What exactly is it that you want?

I Will:

Identify actionable and realistic steps. What must you do to obtain what you want?

I Deserve:

Visualize the feeling. Describe how you will feel once you hold or experience what you want.

I Have:

Write the manifestation in the present tense. What you want is already yours, or has already taken place. Read it out loud often.

DATE: _____

I Desire......

_____

_____

_____

I Will......

_____

_____

_____

I Deserve......

_____

_____

_____

I Have......

_____

_____

_____

DATE: _____

I Desire......

_____

_____

_____

I Will......

_____

_____

_____

I Deserve......

_____

_____

_____

I Have......

_____

_____

_____

DATE: _____

I Desire......

_____

_____

_____

I Will......

_____

_____

_____

I Deserve......

_____

_____

_____

I Have......

_____

_____

_____

DATE: _____

I Desire......

_____

_____

_____

I Will......

_____

_____

_____

I Deserve......

_____

_____

_____

I Have......

_____

_____

_____

DATE: _____

I Desire......

_____

_____

_____

I Will......

_____

_____

_____

I Deserve......

_____

_____

_____

I Have......

_____

_____

_____

DATE: _____

I Desire......

_____

_____

_____

I Will......

_____

_____

_____

I Deserve......

_____

_____

_____

I Have......

_____

_____

_____

DATE: _____

I Desire......

_____

_____

_____

I Will......

_____

_____

_____

I Deserve......

_____

_____

_____

I Have......

_____

_____

_____

DATE: _____

I Desire......

_____

_____

_____

I Will......

_____

_____

_____

I Deserve......

_____

_____

_____

I Have......

_____

_____

_____

DATE: _____

I Desire......

_____

_____

_____

I Will......

_____

_____

_____

I Deserve......

_____

_____

_____

I Have......

_____

_____

_____

DATE: _____

I Desire......

_____

_____

_____

I Will......

_____

_____

_____

I Deserve......

_____

_____

_____

I Have......

_____

_____

_____

DATE: _____

I Desire......

_____

_____

_____

I Will......

_____

_____

_____

I Deserve......

_____

_____

_____

I Have......

_____

_____

_____

DATE: _____

I Desire......

_____

_____

_____

I Will......

_____

_____

_____

I Deserve......

_____

_____

_____

I Have......

_____

_____

_____

DATE: _____

I Desire......

_____

_____

_____

I Will......

_____

_____

_____

I Deserve......

_____

_____

_____

I Have......

_____

_____

_____

DATE: _____

I Desire......

_____

_____

_____

I Will......

_____

_____

_____

I Deserve......

_____

_____

_____

I Have......

_____

_____

_____

DATE: _____

I Desire......

_____

_____

_____

I Will......

_____

_____

_____

I Deserve......

_____

_____

_____

I Have......

_____

_____

_____

DATE: _____

I Desire......

_____

_____

_____

I Will......

_____

_____

_____

I Deserve......

_____

_____

_____

I Have......

_____

_____

_____

DATE: _____

I Desire......

_____

_____

_____

I Will......

_____

_____

_____

I Deserve......

_____

_____

_____

I Have......

_____

_____

_____

DATE: _____

I Desire......

_____
_____
_____

I Will......

_____
_____
_____

I Deserve......

_____
_____
_____

I Have......

_____
_____
_____

DATE: _____

I Desire......

_____

_____

_____

I Will......

_____

_____

_____

I Deserve......

_____

_____

_____

I Have......

_____

_____

_____

DATE: _____

I Desire......

_____

_____

_____

I Will......

_____

_____

_____

I Deserve......

_____

_____

_____

I Have......

_____

_____

_____

DATE: _____

I Desire......

_____

_____

_____

I Will......

_____

_____

_____

I Deserve......

_____

_____

_____

I Have......

_____

_____

_____

DATE: _____

I Desire......

_____

_____

_____

I Will......

_____

_____

_____

I Deserve......

_____

_____

_____

I Have......

_____

_____

_____

DATE: _____

I Desire......

_____

_____

_____

I Will......

_____

_____

_____

I Deserve......

_____

_____

_____

I Have......

_____

_____

_____

DATE: _____

I Desire......

_____

_____

_____

I Will......

_____

_____

_____

I Deserve......

_____

_____

_____

I Have......

_____

_____

_____

DATE: _____

I Desire......

_____

_____

_____

I Will......

_____

_____

_____

I Deserve......

_____

_____

_____

I Have......

_____

_____

_____

DATE: _____

I Desire......

_____

_____

_____

I Will......

_____

_____

_____

I Deserve......

_____

_____

_____

I Have......

_____

_____

_____

DATE: _____

I Desire......

_____

_____

_____

I Will......

_____

_____

_____

I Deserve......

_____

_____

_____

I Have......

_____

_____

_____

DATE: _____

I Desire......

_____

_____

_____

I Will......

_____

_____

_____

I Deserve......

_____

_____

_____

I Have......

_____

_____

_____

DATE: _____

I Desire......

_____

_____

_____

I Will......

_____

_____

_____

I Deserve......

_____

_____

_____

I Have......

_____

_____

_____

DATE: _____

I Desire......

_____

_____

_____

I Will......

_____

_____

_____

I Deserve......

_____

_____

_____

I Have......

_____

_____

_____

DATE: _____

I Desire......

_____

_____

_____

I Will......

_____

_____

_____

I Deserve......

_____

_____

_____

I Have......

_____

_____

_____

DATE: _____

I Desire......

_____

_____

_____

I Will......

_____

_____

_____

I Deserve......

_____

_____

_____

I Have......

_____

_____

_____

DATE: _____

I Desire......

_____

_____

_____

I Will......

_____

_____

_____

I Deserve......

_____

_____

_____

I Have......

_____

_____

_____

DATE: _____

I Desire......

_____

_____

_____

I Will......

_____

_____

_____

I Deserve......

_____

_____

_____

I Have......

_____

_____

_____

DATE: _____

I Desire......

_____

_____

_____

I Will......

_____

_____

_____

I Deserve......

_____

_____

_____

I Have......

_____

_____

_____

DATE: _____

I Desire......

_____

_____

_____

I Will......

_____

_____

_____

I Deserve......

_____

_____

_____

I Have......

_____

_____

_____

DATE: _____

I Desire......

_____

_____

_____

I Will......

_____

_____

_____

I Deserve......

_____

_____

_____

I Have......

_____

_____

_____

DATE: _____

I Desire......

_____

_____

_____

I Will......

_____

_____

_____

I Deserve......

_____

_____

_____

I Have......

_____

_____

_____

DATE: _____

I Desire......

_____

_____

_____

I Will......

_____

_____

_____

I Deserve......

_____

_____

_____

I Have......

_____

_____

_____

DATE: _____

I Desire......

_____

_____

_____

I Will......

_____

_____

_____

I Deserve......

_____

_____

_____

I Have......

_____

_____

_____

DATE: _____

I Desire......

_____

_____

_____

I Will......

_____

_____

_____

I Deserve......

_____

_____

_____

I Have......

_____

_____

_____

DATE: _____

I Desire......

_____

_____

_____

I Will......

_____

_____

_____

I Deserve......

_____

_____

_____

I Have......

_____

_____

_____

DATE: _____

I Desire......

_____

_____

_____

I Will......

_____

_____

_____

I Deserve......

_____

_____

_____

I Have......

_____

_____

_____

DATE: _____

I Desire......

_____

_____

_____

I Will......

_____

_____

_____

I Deserve......

_____

_____

_____

I Have......

_____

_____

_____

DATE: _____

I Desire......

_____

_____

_____

I Will......

_____

_____

_____

I Deserve......

_____

_____

_____

I Have......

_____

_____

_____

DATE: _____

I Desire......

_____

_____

_____

I Will......

_____

_____

_____

I Deserve......

_____

_____

_____

I Have......

_____

_____

_____

DATE: _____

I Desire......

_____

_____

_____

I Will......

_____

_____

_____

I Deserve......

_____

_____

_____

I Have......

_____

_____

_____

DATE: _____

I Desire......

_____

_____

_____

I Will......

_____

_____

_____

I Deserve......

_____

_____

_____

I Have......

_____

_____

_____

DATE: _____

I Desire......

_____

_____

_____

I Will......

_____

_____

_____

I Deserve......

_____

_____

_____

I Have......

_____

_____

_____

DATE: _____

I Desire......

_____

_____

_____

I Will......

_____

_____

_____

I Deserve......

_____

_____

_____

I Have......

_____

_____

_____

DATE: _____

I Desire......

_____

_____

_____

I Will......

_____

_____

_____

I Deserve......

_____

_____

_____

I Have......

_____

_____

_____

DATE: _____

I Desire......

_____

_____

_____

I Will......

_____

_____

_____

I Deserve......

_____

_____

_____

I Have......

_____

_____

_____

DATE: _____

I Desire......

_____

_____

_____

I Will......

_____

_____

_____

I Deserve......

_____

_____

_____

I Have......

_____

_____

_____

DATE: _____

I Desire......

_____

_____

_____

I Will......

_____

_____

_____

I Deserve......

_____

_____

_____

I Have......

_____

_____

_____

DATE: _____

I Desire......

_____

_____

_____

I Will......

_____

_____

_____

I Deserve......

_____

_____

_____

I Have......

_____

_____

_____

DATE: _____

I Desire......

_____

_____

_____

I Will......

_____

_____

_____

I Deserve......

_____

_____

_____

I Have......

_____

_____

_____

DATE: _____

I Desire......

_____

_____

_____

I Will......

_____

_____

_____

I Deserve......

_____

_____

_____

I Have......

_____

_____

_____

DATE: _____

I Desire......

_____

_____

_____

I Will......

_____

_____

_____

I Deserve......

_____

_____

_____

I Have......

_____

_____

_____

DATE: _____

I Desire......

_____

_____

_____

I Will......

_____

_____

_____

I Deserve......

_____

_____

_____

I Have......

_____

_____

_____

DATE: _____

I Desire......

_____

_____

_____

I Will......

_____

_____

_____

I Deserve......

_____

_____

_____

I Have......

_____

_____

_____

DATE: _____

I Desire......

_____

_____

_____

I Will......

_____

_____

_____

I Deserve......

_____

_____

_____

I Have......

_____

_____

_____

DATE: _____

I Desire......

_____

_____

_____

I Will......

_____

_____

_____

I Deserve......

_____

_____

_____

I Have......

_____

_____

_____

DATE: _____

I Desire......

_____

_____

_____

I Will......

_____

_____

_____

I Deserve......

_____

_____

_____

I Have......

_____

_____

_____

DATE: _____

I Desire......

_____

_____

_____

I Will......

_____

_____

_____

I Deserve......

_____

_____

_____

I Have......

_____

_____

_____

DATE: _____

I Desire......

_____

_____

_____

I Will......

_____

_____

_____

I Deserve......

_____

_____

_____

I Have......

_____

_____

_____

DATE: _____

I Desire......

_____

_____

_____

I Will......

_____

_____

_____

I Deserve......

_____

_____

_____

I Have......

_____

_____

_____

DATE: _____

I Desire......

_____

_____

_____

I Will......

_____

_____

_____

I Deserve......

_____

_____

_____

I Have......

_____

_____

_____

DATE: _____

I Desire......

_____

_____

_____

I Will......

_____

_____

_____

I Deserve......

_____

_____

_____

I Have......

_____

_____

_____

DATE: _____

I Desire......

_____

_____

_____

I Will......

_____

_____

_____

I Deserve......

_____

_____

_____

I Have......

_____

_____

_____

DATE: _____

I Desire......

_____

_____

_____

I Will......

_____

_____

_____

I Deserve......

_____

_____

_____

I Have......

_____

_____

_____

DATE: _____

I Desire......

_____

_____

_____

I Will......

_____

_____

_____

I Deserve......

_____

_____

_____

I Have......

_____

_____

_____

DATE: _____

I Desire......

_____

_____

_____

I Will......

_____

_____

_____

I Deserve......

_____

_____

_____

I Have......

_____

_____

_____

DATE: _____

I Desire......

_____

_____

_____

I Will......

_____

_____

_____

I Deserve......

_____

_____

_____

I Have......

_____

_____

_____

DATE: _____

I Desire......

_____

_____

_____

I Will......

_____

_____

_____

I Deserve......

_____

_____

_____

I Have......

_____

_____

_____

DATE: _____

I Desire......

_____

_____

_____

I Will......

_____

_____

_____

I Deserve......

_____

_____

_____

I Have......

_____

_____

_____

DATE: _____

I Desire......

_____

_____

_____

I Will......

_____

_____

_____

I Deserve......

_____

_____

_____

I Have......

_____

_____

_____

DATE: _____

I Desire......

_____

_____

_____

I Will......

_____

_____

_____

I Deserve......

_____

_____

_____

I Have......

_____

_____

_____

DATE: _____

I Desire......

_____

_____

_____

I Will......

_____

_____

_____

I Deserve......

_____

_____

_____

I Have......

_____

_____

_____

DATE: _____

I Desire......

_____

_____

_____

I Will......

_____

_____

_____

I Deserve......

_____

_____

_____

I Have......

_____

_____

_____

DATE: _____

I Desire......

_____

_____

_____

I Will......

_____

_____

_____

I Deserve......

_____

_____

_____

I Have......

_____

_____

_____

DATE: _____

I Desire......

_____

_____

_____

I Will......

_____

_____

_____

I Deserve......

_____

_____

_____

I Have......

_____

_____

_____

DATE: _____

I Desire......

_____

_____

_____

I Will......

_____

_____

_____

I Deserve......

_____

_____

_____

I Have......

_____

_____

_____

DATE: _____

I Desire......

_____

_____

_____

I Will......

_____

_____

_____

I Deserve......

_____

_____

_____

I Have......

_____

_____

_____

DATE: _____

I Desire......

_____
_____
_____

I Will......

_____
_____
_____

I Deserve......

_____
_____
_____

I Have......

_____
_____
_____

DATE: _____

I Desire......

_____

_____

_____

I Will......

_____

_____

_____

I Deserve......

_____

_____

_____

I Have......

_____

_____

_____

DATE: _____

I Desire......

_____

_____

_____

I Will......

_____

_____

_____

I Deserve......

_____

_____

_____

I Have......

_____

_____

_____

DATE: _____

I Desire......

_____

_____

_____

I Will......

_____

_____

_____

I Deserve......

_____

_____

_____

I Have......

_____

_____

_____

DATE: _____

I Desire......

_____

_____

_____

I Will......

_____

_____

_____

I Deserve......

_____

_____

_____

I Have......

_____

_____

_____

DATE: _____

I Desire......

_____

_____

_____

I Will......

_____

_____

_____

I Deserve......

_____

_____

_____

I Have......

_____

_____

_____

DATE: _____

I Desire......

_____

_____

_____

I Will......

_____

_____

_____

I Deserve......

_____

_____

_____

I Have......

_____

_____

_____

DATE: _____

I Desire......

_____

_____

_____

I Will......

_____

_____

_____

I Deserve......

_____

_____

_____

I Have......

_____

_____

_____

DATE: _____

I Desire......

_____

_____

_____

I Will......

_____

_____

_____

I Deserve......

_____

_____

_____

I Have......

_____

_____

_____

DATE: _____

I Desire......

_____

_____

_____

I Will......

_____

_____

_____

I Deserve......

_____

_____

_____

I Have......

_____

_____

_____

DATE: _____

I Desire......

_____

_____

_____

I Will......

_____

_____

_____

I Deserve......

_____

_____

_____

I Have......

_____

_____

_____

DATE: _____

I Desire......

_____

_____

_____

I Will......

_____

_____

_____

I Deserve......

_____

_____

_____

I Have......

_____

_____

_____

DATE: _____

I Desire......

_____

_____

_____

I Will......

_____

_____

_____

I Deserve......

_____

_____

_____

I Have......

_____

_____

_____

DATE: _____

I Desire......

_____

_____

_____

I Will......

_____

_____

_____

I Deserve......

_____

_____

_____

I Have......

_____

_____

_____

DATE: _____

I Desire......

_____

_____

_____

I Will......

_____

_____

_____

I Deserve......

_____

_____

_____

I Have......

_____

_____

_____

DATE: _____

I Desire......

_____

_____

_____

I Will......

_____

_____

_____

I Deserve......

_____

_____

_____

I Have......

_____

_____

_____

DATE: _____

I Desire......

_____

_____

_____

I Will......

_____

_____

_____

I Deserve......

_____

_____

_____

I Have......

_____

_____

_____

DATE: _____

I Desire......

_____

_____

_____

I Will......

_____

_____

_____

I Deserve......

_____

_____

_____

I Have......

_____

_____

_____

DATE: _____

I Desire......

_____

_____

_____

I Will......

_____

_____

_____

I Deserve......

_____

_____

_____

I Have......

_____

_____

_____

DATE: _____

I Desire......

_____

_____

_____

I Will......

_____

_____

_____

I Deserve......

_____

_____

_____

I Have......

_____

_____

_____

DATE: _____

I Desire......

_____

_____

_____

I Will......

_____

_____

_____

I Deserve......

_____

_____

_____

I Have......

_____

_____

_____

DATE: _____

I Desire......

_____

_____

_____

I Will......

_____

_____

_____

I Deserve......

_____

_____

_____

I Have......

_____

_____

_____

DATE: _____

I Desire......

_____

_____

_____

I Will......

_____

_____

_____

I Deserve......

_____

_____

_____

I Have......

_____

_____

_____

DATE: _____

I Desire......

_____

_____

_____

I Will......

_____

_____

_____

I Deserve......

_____

_____

_____

I Have......

_____

_____

_____

DATE: _____

I Desire......

_____

_____

_____

I Will......

_____

_____

_____

I Deserve......

_____

_____

_____

I Have......

_____

_____

_____

DATE: _____

I Desire......

_____

_____

_____

I Will......

_____

_____

_____

I Deserve......

_____

_____

_____

I Have......

_____

_____

_____

DATE: _____

I Desire......

_____

_____

_____

I Will......

_____

_____

_____

I Deserve......

_____

_____

_____

I Have......

_____

_____

_____

DATE: _____

I Desire......

_____

_____

_____

I Will......

_____

_____

_____

I Deserve......

_____

_____

_____

I Have......

_____

_____

_____

DATE: _____

I Desire......

_____

_____

_____

I Will......

_____

_____

_____

I Deserve......

_____

_____

_____

I Have......

_____

_____

_____

DATE: _____

I Desire......

_____

_____

_____

I Will......

_____

_____

_____

I Deserve......

_____

_____

_____

I Have......

_____

_____

_____

DATE: _____

I Desire......

_____

_____

_____

I Will......

_____

_____

_____

I Deserve......

_____

_____

_____

I Have......

_____

_____

_____

DATE: _____

I Desire......

_____

_____

_____

I Will......

_____

_____

_____

I Deserve......

_____

_____

_____

I Have......

_____

_____

_____

DATE: _____

I Desire......

_____

_____

_____

I Will......

_____

_____

_____

I Deserve......

_____

_____

_____

I Have......

_____

_____

_____

DATE: _____

I Desire......

_____

_____

_____

I Will......

_____

_____

_____

I Deserve......

_____

_____

_____

I Have......

_____

_____

_____

DATE: _____

I Desire......

_____

_____

_____

I Will......

_____

_____

_____

I Deserve......

_____

_____

_____

I Have......

_____

_____

_____

DATE: _____

I Desire......

_____

_____

_____

I Will......

_____

_____

_____

I Deserve......

_____

_____

_____

I Have......

_____

_____

_____

DATE: _____

I Desire......

_____

_____

_____

I Will......

_____

_____

_____

I Deserve......

_____

_____

_____

I Have......

_____

_____

_____

Printed in Great Britain
by Amazon